English-Spanish
Inglés-Español

For Ages 4–7
De 4 a 7 años

Waiting Is Not Forever
La espera no dura para siempre

Elizabeth Verdick

Ilustrado por Marieka Heinlen
Traducido por Edgar Rojas, EDITARO

free spirit
PUBLISHING®

Library of Congress Cataloging-in-Publication Data

Names: Verdick, Elizabeth, author. | Heinlen, Marieka, illustrator. | Rojas, Edgar (Translator), translator. | Verdick, Elizabeth. Waiting is not forever. | Verdick, Elizabeth. Waiting is not forever. Spanish

Title: Waiting is not forever = La espera no dura para siempre / Elizabeth Verdick, Marieka Heinlen, Edgar Rojas.

Other titles: Espera no dura para siempre

Description: Minneapolis : Free Spirit Publishing, 2021. | Series: Best behavior | Audience: Ages 4–7

Identifiers: LCCN 2020036071 (print) | LCCN 2020036072 (ebook) | ISBN 9781631986352 (paperback) | ISBN 9781631986369 (pdf) | ISBN 9781631986376 (epub)

Subjects: LCSH: Child rearing—Juvenile literature. | Patience—Juvenile literature. | Self-control—Juvenile literature.

Classification: LCC HQ769 .V447 2021 (print) | LCC HQ769 (ebook) | DDC 649/.1—dc23

LC record available at https://lccn.loc.gov/2020036071

LC ebook record available at https://lccn.loc.gov/2020036072

Edited by Marjorie Lisovskis
Translation edited by Dora O'Malley
Cover and interior design by Shannon Pourciau

Printed by: 590835
Printed in: China

Free Spirit Publishing
An imprint of Teacher Created Materials
9850 51st Avenue North, Suite 100
Minneapolis, MN 55442
(612) 338-2068
help4kids@freespirit.com
freespirit.com

FSC
www.fsc.org
MIX
Paper from responsible sources
FSC® C155903

To Andrew, Lucas, Justin, and Nate,
who inspired this book one summer.
–E.V.

For Pam and Walt, who worked so hard
to realize a dream and who raised a few of
the most patient people I know.
–M.H.

Para Andrew, Lucas, Justin y Nate quienes en un
verano me inspiraron para escribir este libro.
–E.V.

Para Pam y Walt quienes trabajaron arduamente
para hacer realidad uno de sus sueños y
por criar a unas de las pocas personas más
pacientes que conozco.
–M.H.

You do lots of waiting.

Tú esperas mucho tiempo.

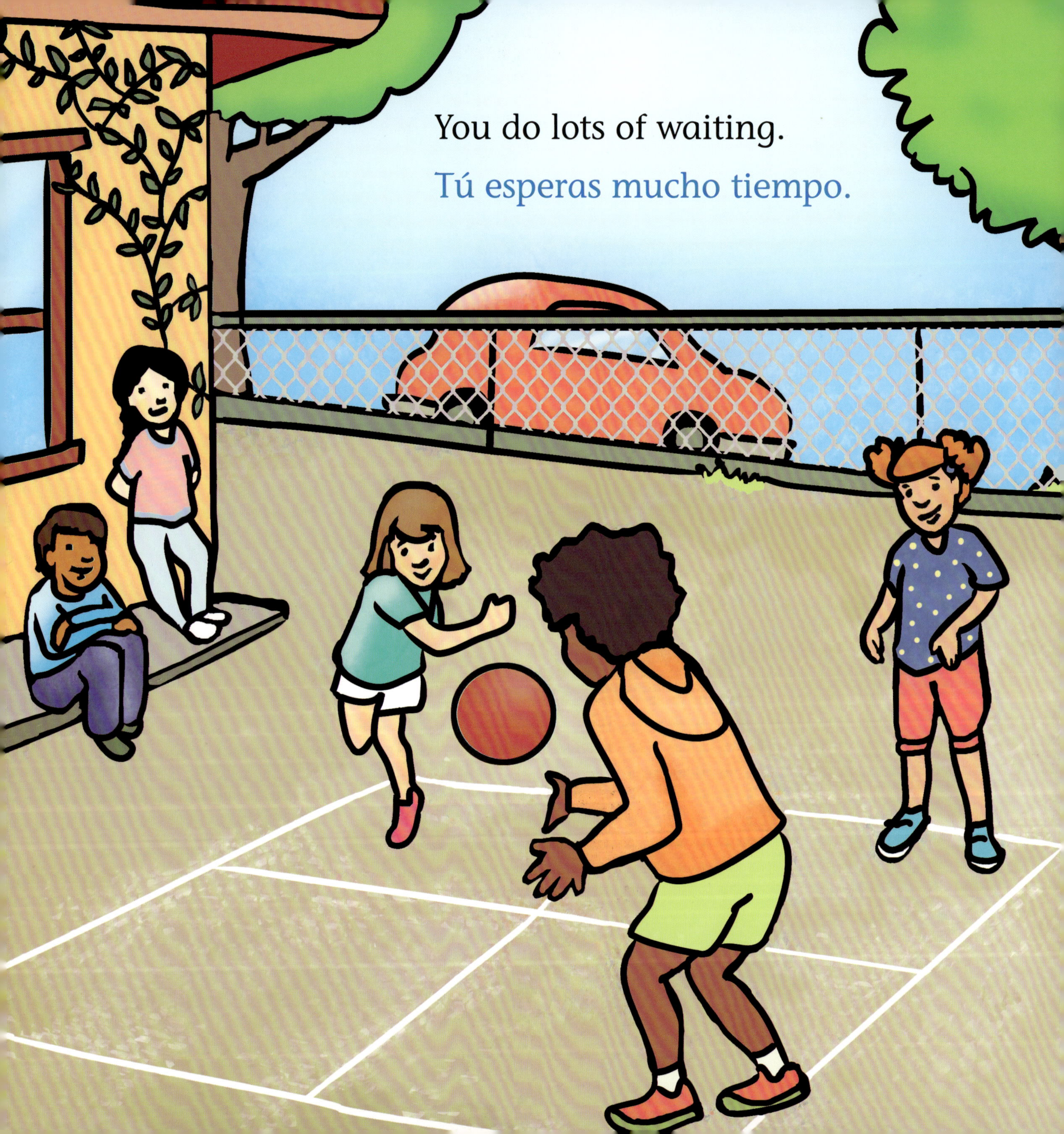

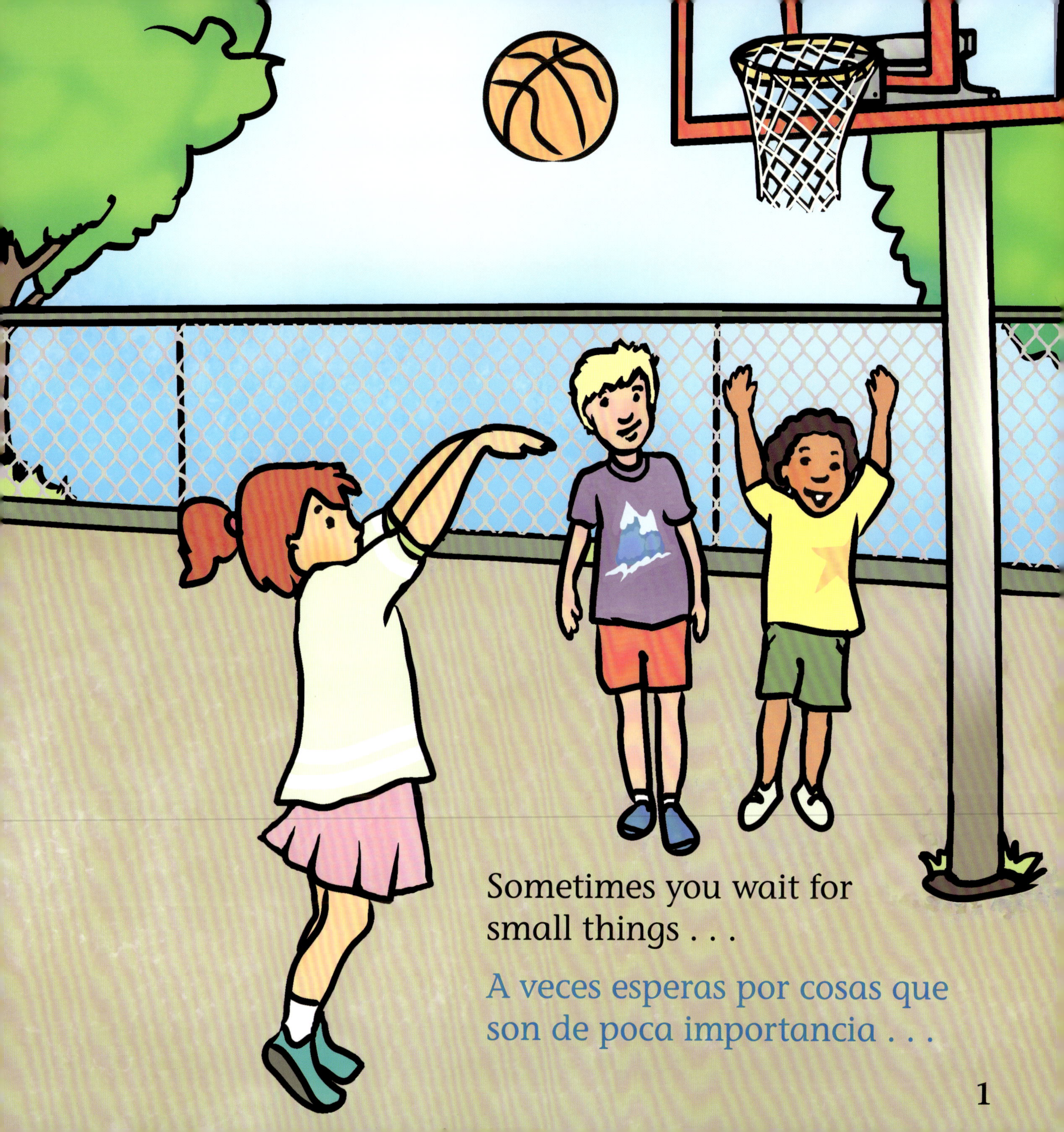

Sometimes you wait for
small things . . .

A veces esperas por cosas que
son de poca importancia . . .

A snack . . .
the line to end . . .

Por algo pequeño para comer . . .
hasta que se termine la fila . . .

your turn on the swings.

por tu turno en los columpios.

Sometimes you wait for BIG things . . .

A veces esperas por cosas IMPORTANTES . . .

Your birthday!

¡Tu cumpleaños!

Your favorite holiday!

¡Tu fiesta favorita!

A family trip!

¡Por un viaje con tu familia!

Sometimes you wait for things both small *and* big.

A veces esperas por cambios tanto pequeños *como* grandes.

A baby to be born . . .
a seed to grow . . .
an egg to hatch.

Por el nacimiento de un bebé . . .
la germinación de una semilla . . .
la incubación de un huevo.

You wait for things that
seem to take *forever* . . .
like growing and getting it right.

Tu esperas por cosas que
parecen tomar una *eternidad* . . .
como crecer y hacer algo bien.

"I'll keep trying."

"Seguiré intentándolo".

But waiting is not forever.

Pero la espera no dura para siempre.

Waiting can be a time to watch, listen, and think . . .

which makes waiting less frustrating.

La espera puede ser un momento para observar, escuchar y pensar . . .

lo cual hace que la espera sea menos frustrante.

If you feel like this:

Si te sientes de esta manera:

"I'm ready NOW!"

"I don't want to wait."

"I'm bored."

"¡YA estoy listo!"

"No quiero esperar".

"Estoy aburrido".

What can you do?

¿Qué puedes hacer?

You can use your *eyes* and *ears*.

Look around—what do you see?

Puedes utilizar tus *ojos* y tus *oídos*.

Mira a tu alrededor, ¿qué ves?

What sees *you*?

Waiting can be *looking-listening* time.

¿Qué *te está* mirando?

La espera puede ser un momento para *escuchar y observar*.

You can use your *hands* and *feet*.

Waiting can be *fun-and-games* time.

Tu puedes usar tus *manos* y tus *pies*.

La espera puede ser el momento ideal para un *juego divertido*.

Clapping rhymes

Juego de rimas y palmadas

Yo-yo

Yo-yo

Cards

Jugar a las cartas

Friendship bracelets

Jugar con pulseras de la amistad

Toe wiggles

Menear los dedos de los pies

Dance moves

Ensayar pasos de baile

And you can use your *head*.

Waiting can be *songs-and-stories* time.

Y puedes utilizar tu *cabeza*.

La espera puede ser el momento para *cantar y contar cuentos*.

Sing a made-up tune.

Cantar una canción que te inventes.

Imagine "What if?"

Imagínate: ¿Qué sucedería si . . .?

Start a "Once upon a time" tale.

Comienza a contar un cuento con: "Érase una vez . . ."

Tell jokes and riddles. Cuenta chistes y acertijos.

Wait! What if you have to be *quiet*? Try:

¡Espera un momento! ¿Y si tienes que estar en *silencio*? Puedes intentar:

Mazes

Jugar con laberintos

Crosswords

Crucigramas

Puzzles

Rompecabezas

Use a soft voice or whisper. *Shhh.*

Hablar en voz baja o susurrar. *Shhh.*

Letter-writing

Escribir una carta

Art

Dibujar o pintar

To stay calm, tell yourself: "I can be *patient*," and then find ways to pass the time.

Para mantener la calma puedes decirte a ti mismo: "Yo puedo ser *paciente*" y luego encontrar maneras para pasar el tiempo.

If you get restless, take deep breaths and say:
"Waiting is not forever, waiting is not forever."

Si te sientes inquieto, respira profundo y di:
"La espera no dura para siempre, la espera no dura para siempre".

Part of waiting is *anticipating*.

Instead of being bored, think about what comes next.

La *anticipación* hace parte de la espera.

En lugar de aburrirte, piensa en las cosas que están por venir.

"My turn's soon."

"Ya casi es mi turno".

“I bet this ride will be fun!”

“¡Estoy seguro que el carrusel va a ser divertido!”

“I hope he calls on me next.”

“Espero que me llamen enseguida”.

While you wait, the words you say can make the time pass fast or go slow.

Mientras esperas, las palabras que dices pueden hacer que el tiempo pase rápido o lento.

"I want it right away!"

"¡Lo quiero de inmediato!"

"Now, now, NOW!"

"¡Ya, ya, YA!"

"meOw!"

"¡Miau!"

Say good-bye to whining words.

Deja de decir palabras quejumbrosas.

"Ack!"

"¡Aj!"

"It's too long to wait!"

"¡Es muy largo para esperar!"

"Arrrgh!"

"¡Grrr!"

Try these *waiting words*:

Intenta decir estas *palabras mientras esperas*:

"I'm calm and patient."

"Yo estoy calmado y tengo paciencia".

"This will be worth the wait!"

"¡Vale la pena esperar por esto!"

“We can hang out a little longer.”

“Podemos quedarnos un rato más”.

Waiting is not forever. It's just for a while.

La espera no dura para siempre.
Es solo por un tiempo.

See if you can wait with a smile.

Mira si puedes esperar con una sonrisa.

Tips and Activities for Parents and Caregivers

When you think about it, children are almost always waiting for something. All this waiting brings mixed feelings. As adults, we can recognize what children are experiencing in these moments and find ways to help. When you notice your child being a good waiter, offer affirmations and thank-yous, smiles and high fives.

Teach *Waiting Words*

Yes, waiting is frustrating! But it's also a fact of life. How we talk about waiting can help put a positive spin on it. Encourage children to find something fun to do while they wait and stay calm by using *waiting words*:

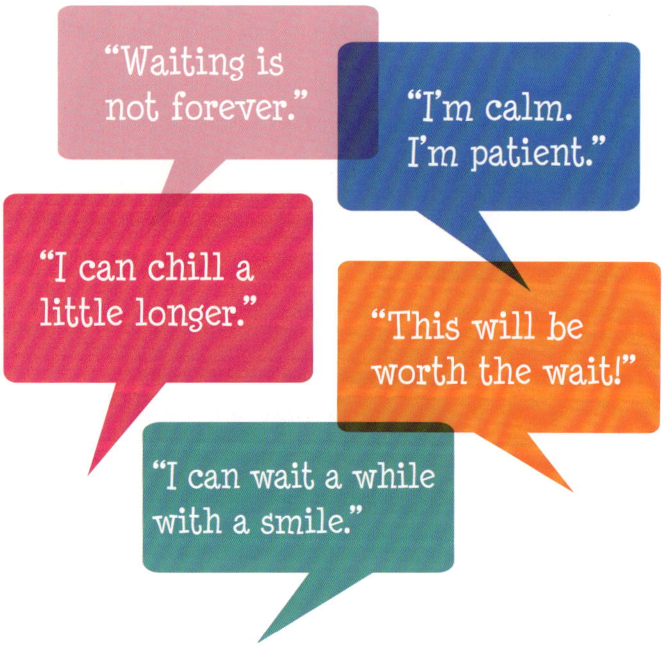

Use Visuals

When you make waiting more concrete for children, they know what to expect and feel a greater sense of control. Use visual timers, countdown calendars, and interactive classroom calendars that highlight daily activities and special events. These tools help children develop routines, a sense of time, and the skill of patience.

Teach Wanting/Waiting Signals

Teach children a nonverbal signal they can use to let you know they want you, such as gently touching your arm or shoulder. You can signal back with a hand squeeze or a nod with one finger held up to indicate "Wait." At first, respond as soon as you can and thank the child for waiting. Over time, you can delay a bit longer, giving a gentle squeeze or special hand signal every few minutes to show that you haven't forgotten the request.

Help Their Bodies and Minds Stay Busy

Waiting isn't as boring when you're actively engaged in some type of activity. Encourage children to think head to toe, finding a variety of ways to keep themselves entertained.

Make a Waiting Kit

Plan for delays by having children put together a waiting kit. What goes in the kit? Whatever will quietly entertain for a sustained period of time: a book, coloring sheets, crayons, small toys, finger puppets, hidden pictures.

Make It Downtime, Not Screen Time

Often, children fall into the habit of using devices like video games, phones, or tablets as a distraction from waiting. As a result, any time children are in the car, on the bus, in a waiting room, or running errands, they come to depend on being entertained by a screen. Screens are part of life, and they aren't all bad—but constant use of them keeps children from fully engaging with the people they meet and places they see. Look at downtime as an opportunity to observe, reflect, imagine, and communicate. It's okay to be bored! Boredom can lead to deep thinking, use of the imagination, and greater curiosity about the wider world.

If you need to wean a child from overuse of screens, start with a new set of rules and, if you'd like, offer small rewards for following them. Try not to model using screens when you and your child are waiting together. Take advantage of shared wait times to enjoy each other's company. Play a waiting game like I Spy or Twenty Questions, read a book, make up stories, or just chat.

Consejos y actividades para los padres y para quienes cuidan a los niños

Si piensas un poco al respecto, los niños casi siempre están esperando por algo. Toda esta espera crea problemas con sus sentimientos. Nosotros como adultos podemos reconocer lo que los niños están experimentando en estos momentos y a su vez encontrar maneras de ayudarlos. Cuando note que el niño muestra una buena disposición mientras espera, anímelo con afirmaciones positivas, agradecimientos, sonrisas y aprecios.

Enseñe *palabras relacionadas con la espera*

Sí, ¡esperar es frustrante! pero también es una realidad de la vida. Dependiendo de la manera como hablamos al respecto, es posible crear un resultado positivo. Aliente a los niños a encontrar algo divertido que hacer mientras esperan y mantenga la calma por medio del uso de *palabras relacionadas con la espera*:

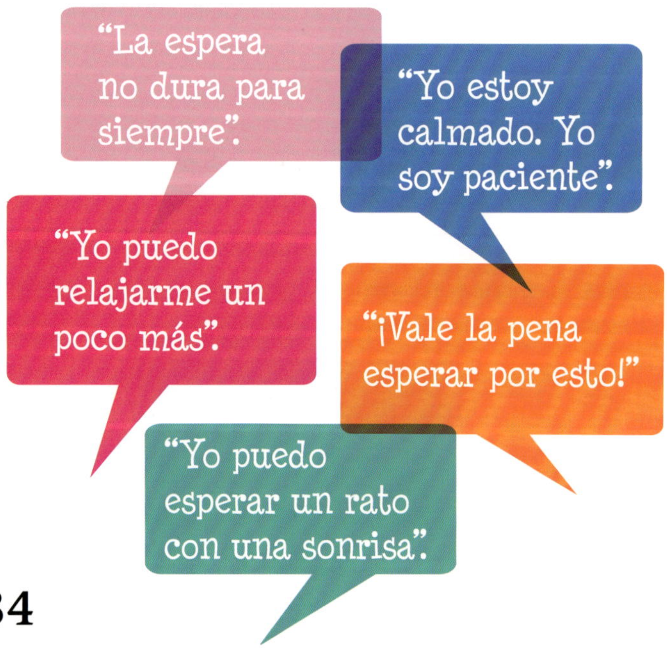

Utilice ayudas visuales

Cuando presenta la espera como una situación más concreta para los niños, ellos saben qué esperar y sienten una mayor sensación de control. Use temporizadores visuales, calendarios de cuenta regresiva y calendarios interactivos en el aula para resaltar las actividades diarias y los eventos especiales. Estas herramientas ayudan a los niños a desarrollar rutinas, entender el concepto del tiempo y aprender a tener paciencia.

Enseñe señales que indiquen querer y esperar

Enseñe a los niños una señal no verbal que puedan utilizar para indicar que necesitan su atención, como tocar suavemente su brazo u hombro. Puede responder a la señal con un apretón de manos o un movimiento de cabeza junto con un dedo levantado para indicar "espera". Al principio responda lo antes posible y agradezca al niño por esperar. Con el tiempo puede demorar un poco su respuesta dando un apretón suave o por medio de una señal especial con su mano dada con pocos minutos de intervalo para mostrarle al niño que no ha olvidado su solicitud.

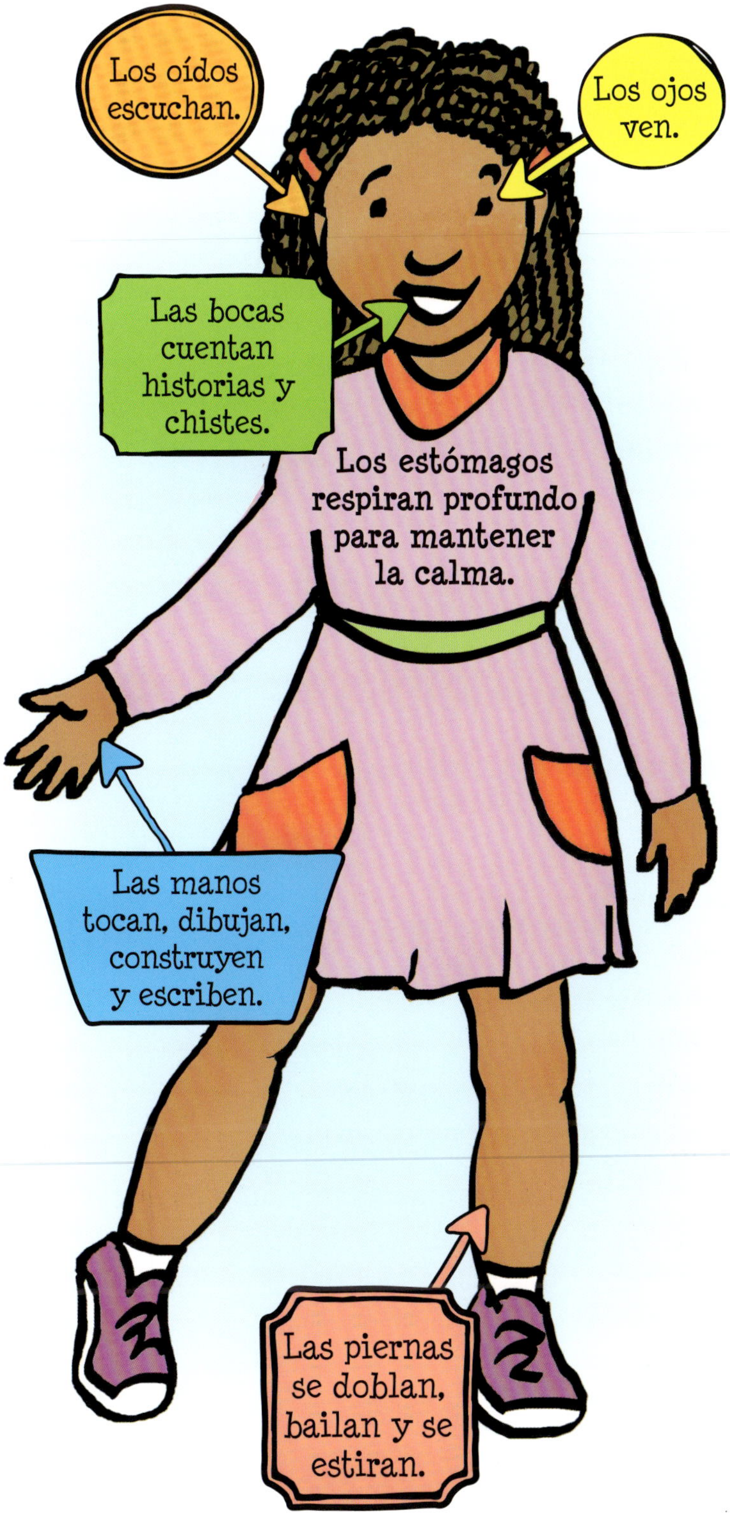

Ayude a que los niños hagan algo para mantener la mente y sus cuerpos ocupados

La espera no es tan aburrida cuando usted está participando activamente en algún tipo de actividad. Aliente a los niños a que piensen en detalle para que descubran diferentes actividades que los mantenga entretenidos.

Prepare un kit de espera

Prepárese para las demoras haciendo que los niños armen un kit de espera. ¿Qué incluye el kit? Lo que sea que los entretenga en silencio durante un período prolongado de tiempo, por ejemplo: un libro, hojas para colorear, crayones, juguetes pequeños, títeres de dedo, imágenes ocultas.

Ofrezca distracciones diferentes a los dispositivos electrónicos

Con frecuencia los niños caen en la costumbre de utilizar los dispositivos electrónicos, como los videojuegos, los teléfonos o las tabletas, como instrumento de distracción durante el tiempo de espera. Como resultado, cada vez que se encuentran en un automóvil, en un autobús, en una sala de espera, o llevando a cabo una tarea, dependen del entretenimiento ofrecido por estos dispositivos. Esta tecnología es parte de la vida moderna y no es completamente negativa pero su uso constante evita que los niños se involucren por completo con las personas que conocen y con los lugares que ven. Considere el tiempo de inactividad como una oportunidad para observar, reflexionar, imaginar y comunicarse. ¡No hay nada malo en aburrirse! El aburrimiento puede conducir a la introspección, al uso de la imaginación y una mayor curiosidad sobre el mundo en general.

Si necesita controlar el uso excesivo de esos dispositivos por parte de un niño, comience estableciendo nuevas reglas y, si lo desea, ofrezca pequeñas recompensas por seguirlas. Evite el uso de estos aparatos cuando usted y el niño estén esperando juntos. Aproveche estos momentos para disfrutar de la mutua compañía. Practique un juego de mesa relacionado con la espera, como "I Spy" (Soy espía) o "Twenty Questions" (Veinte preguntas), lea un libro, invente historias o simplemente charlen.

About the Author and Illustrator
Acerca de la autora y la ilustradora

Elizabeth Verdick is the author of more than 40 highly acclaimed books for children and teenagers, including other books in the Best Behavior® series for young children, the Happy Healthy Baby® and Toddler Tools® board book series, and the Laugh & Learn® series for preteens. Elizabeth lives with her husband, daughter, son, and a houseful of pets near St. Paul, Minnesota.

Elizabeth Verdick es autora de más de 40 libros para niños y adolescentes, incluyendo otros libros de la colección *Best Behavior®* para niños pequeños, la serie de libros de cartón, *Happy Healthy Baby®* y *Toddler Tools®* y la serie para pre-adolescentes *Laugh & Learn®*. Elizabeth vive con su esposo, su hija, su hijo y varias mascotas en una casa cerca de St. Paul, Minnesota.

Marieka Heinlen launched her career as a children's book illustrator with the award-winning *Hands Are Not for Hitting*. As a freelance illustrator and designer, Marieka focuses her work on books and other materials for children, teens, parents, and teachers. She lives in St. Paul, Minnesota, with her husband, son, and daughter.

Marieka Heinlen lanzó su carrera como ilustradora de libros para niños con el libro premiado *Las manos no son para pegar*. Marieka enfoca su trabajo de ilustradora y diseñadora en libros y otros materiales para niños, adolescentes, padres y maestros. Vive en St. Paul, Minnesota, con su esposo, su hijo y su hija.